青春文庫

100ページでテッパンの漢字力

【読み間違い篇】

おとなの教養編集部［編］

青春出版社

はじめに

とにかく、漢字の誤読は危険です。たった一度凡例を「ぼんれい」、杜撰を「とさん」と読み間違えるだけで**「漢字が読めない人」というレッテルを貼られることになりかねません。**

そこで、本書には、誤読しやすい漢字を厳選、掲載しました。その選択基準は、**「今も日常的によく使われていること」**です。そのため、この本には、「菠薐草」や「墺太利」といった使用頻度の低い難読漢字は載っていません。**あくまでタイパ（時間対効果）よく、〝遭遇率〟の高い言葉のなかから、読み間違いやすい漢字を選び抜き、コンパクトにまとめました。**

というわけで、本書には、100ページ余りの紙数のなか、誤読しやすい漢字が約600も並んでいます。熟語、慣用句、四字熟語……あやふやな知識にさよならして、今日から**使える語彙力をモノにしましょう。**

2023年2月

大人の教養編集部

100ページでテッパンの漢字力【読み間違い篇】◆目次

本文・カバーイラスト■AdobeStock
DTP■フジマックオフィス

chapter 1

漢字を読む力は、小学校の勉強が鍵になる

読み間違いの急所は、小学校の漢字にあった

一入

多勢

多言

【ひとしお】 いっそう、ひときわ。もとは染め物を染汁の中に一回つけること。「喜びも一入」「懐かしさも一入」などと使います。

【たぜい】 多人数のこと。「多勢に無勢」など。なお、「おおぜい」と読むのは「大勢」のほうです。

【たげん】 口数が多いこと。「多言を要しない」は、くどくど説明する必要はないという意味です。ちなみに「他言」は「たごん」と読みますが、こちらは秘密などを他人に話すことです。「他言無用」など。

素案

口重

工面

不見転

同右

空元気

【そあん】 最終案を作る前のもとになる案。「叩き台となる素案を作成する」「素案に過ぎない」などと使います。×すあん。

【くちおも】 軽々しく、ものをいわないさま。「口重な性格」など。対義語は「口軽《くちがる》」。

【くめん】 工夫し、必要なものを手に入れること。「運転資金を工面する」のように、今は「お金」に関してよく使います。

【みずてん】 後先を考えずに、物事を行うこと。一説に、花札で、状況をよく見ずに、手当たり次第に札を出すことから生じた言葉といわれます。

【どうみぎ】 右の文章と同じであること。「同左」も「どう・ひだり」と、重箱読みにします。

【からげんき】 うわべだけの元気。「空元気でも、元気なほうがマシ」などと用います。

九分通り
早速
一段落
一に
小人数
前半

【くぶどおり】 九割方、ほとんど。「九分通り、間違いない」など。「きゅうぶどおり」と読まないように。

【さっそく】 急なさま。すみやかに。「早速、取りかかる」「早速のご返事、痛み入ります」などと使います。

【いちだんらく】 一区切り。NHKなどの放送局では、「いちだんらく」を正しい読み方としています。「一段落つく」など。×ひとだんらく。

【いつに】 ひとえに。「責任は一に私にあります」など。×いちに。

【こにんずう】 すくない人数。「しょうにんずう」と読むのは「少人数」のほうです。「小人数に絞る」など。なお、「大人数」は「おおにんずう」、「多人数」は「たにんずう」と読みます。

【ぜんはん】 前の半分。放送局では「ぜんはん」と清音で読み、たとえば、「前半戦」は「ぜんはんせん」と読みます。△ぜんぱん。

一家言

生え抜き

（珍事が）出来する

非力

目深

【いっかげん】 その人がもつ独自の説。「何事にも一家言ある人物」など。×いっかごん。

【はえぬき】 最初から、その企業や団体に属している人。「生え抜きの社員」「生え抜きの逸材」など。

【しゅったいする】 事件などが起きる。あるいは「できあがる」という意味もあり、出版業界では「増刷出来」などと使います。×しゅつらい。

【ひりき】 力が弱いこと。「非力なリーダー」「自らの非力さを嘆く」など。他に怪力、合力、自力、地力などは、「力」を「りき」と読みます。

【まぶか】 目が隠れるくらい、深くかぶる様子。「帽子を目深にかぶる」など。

小学生が教わる漢字だけで、こんな言葉ができあがる

素面

幸先

大勝負

【しらふ】 お酒を飲んでいない状態。「素面ではとても言えないセリフ」などと使います。

【さいさき】 よいことの前触れ。「幸先のいい話」など。なお、「幸先」は吉兆なので、「幸先が悪い」は誤用です。

【おおしょうぶ】 その後の運命や人生を左右する大きな戦い。「畢生《ひっせい》の大勝負に挑む」など。ただし、水前寺清子のかつてのヒット曲の題名は「だいしょうぶ」と読みます。

場末

相伴

一足飛び

古ぶり

西下

行年

【ばすえ】 町からはずれた裏さびしいところ。「場末の酒場」「場末のスナック」など。×ばまつ。

【しょうばん】 正客に陪席《ばいせき》して、もてなしをうけること。「お相伴にあずかる」などと使います。×そうばん。

【いっそくとび】 目的地に向かって、急ぎ走ること。そこから、順序を踏まずに、物事を進めるさまの形容に使います。「一足飛びに駆け上がる」など。×ひとあしとび。

【いにしえぶり】 昔の風習やしきたりの様子、様式。「古ぶりを真似る」など。

【さいか】 西に向かうこと。おもに、東京から関西方面など、西の地域に向かうこと。×せいか。

【ぎょうねん、こうねん】 どちらでも読みます。意味は、生まれてからの年、年齢のこと。「行年八十」といえば、数え年の八十歳

客死
赤口
先負
氷雨
時雨

で亡くなったという意味。

【かくし】 旅先で死ぬこと。「客」が「旅」を意味する場合は、「かく」と読みます。「旅客《りょかく》」（今は「りょきゃく」も許容）、「過客《かかく》」など。

【しゃっこう】 大安や仏滅と同様に、「六曜」の一つ。縁起はあまりよくない日で、正午だけが吉とされます。

【せんぷ】 これも「六曜」の一つ。午前は凶、午後は吉とされる日です。

【ひさめ】 もとは、雹《ひょう》や霰《あられ》のことですが、今はもっぱら「冷たい雨」という意味で使われています。かつてのヒット曲『氷雨』も、後者の意味。「氷雨が降り続く」など。

【しぐれ】 秋の終わりから冬の初めにかけて、降ったりやんだりする小雨。そこから、比喩的に一時的に続く様子の形容に用い、「蝉時雨」「虫時雨」などと使います。

■読み間違いチェック1〈味わいのある言葉〉

立礼 椅子に座って行う茶道の手前。×りつれい。【りゅうれい】

石高 禄高のこと。「加賀前田家の石高は百万石」。【こくだか】

祝言 「婚礼」の古風な言い方。「祝言をあげる」。【しゅうげん】

御点前 茶の湯の作法。「見事な御点前ですね」。【おてまえ】

雪消 雪が溶けること。「雪解」とも書きます。「雪消の季節」。【ゆきげ】

野点 野外でたてる茶の湯。「野点の会」。【のだて】

東雲 明け方の東の空がわずかに明るくなる頃。【しののめ】

御神酒 神に供えるお酒のこと。「御神酒徳利」「神棚に御神酒をあげる」。【おみき】

十六夜 陰暦「十六日」の夜。また、その夜の月。【いざよい】

笛の音 笛のおと。琴や三味線の「音」も「ね」と読みます。×おと。【ふえのね】

楽日 芝居や相撲の興行の最終日。千秋楽。「楽日を迎える」。【らくび】

暮らしのなかの言葉は、きちんと読めるようにしておこう

月極
土産
産毛
局留

【つきぎめ】 決まった月額で、契約すること。「月極で支払う」「月極駐車場」など。×げっきょく。

【みやげ】 旅先から持ち帰る土地の産品。人を訪問するときに持参する品。「手土産」「置き土産」「冥土《めいど》の土産」などと使います。

【うぶげ】 細くやわらかい毛。「赤ちゃんの産毛」など。「産声」「産着」「産土《うぶすな》」「産湯」も「うぶ〜」と読みます。

【きょくどめ】 郵便物を自宅まで配達してもらわずに、郵便局

に留めること。「局留扱いにする」など。

中押し勝ち

【ちゅうおしがち】 囲碁で、相手が投了し、最後まで打たずに勝つこと。「なかおしがち」と誤読しないように。

秋田犬

【あきたいぬ】 秋田県産の日本犬。国の天然記念物としての読み方は「あきたいぬ」です。ただ、一般的には「あきたけん」と読んでも、間違いとは思われないでしょう。

早生

【わせ】 早熟なこと。もとは、早く実をつける作物。「早生米」など。

羽音

【はおと】 鳥や虫のはばたきの音。

商家

【しょうか】 商売を営む家。「商家の出《で》」。×しょうけ。

祝祭日

【しゅくさいじつ】 祝日と祭日の総称。×しゅくさいび。

読み間違える、意味を知らない……この漢字はダブルで危ない

文箱

【ふばこ】 書状などを入れておくための箱。また、「文机」は「ふづくえ」と読み、読書をしたり、文章を書いたりするための机のこと。

（霊前の）生花

【せいか】 自然の生きた花。なお、「生け花」と書くと「いけばな」と読み、床の間などに飾る花を指します。

接木

【つぎき】 木の枝などを他の植物の幹に接ぎ合わせること。「柿の木を接木で育てる」など。「継木」とも書きます。

黄玉

緑青

母屋

寄生木

荷役

出湯

【おうぎょく】 トパーズのこと。なお、「紅玉」は「こうぎょく」と読み、ルビーのこと。

【ろくしょう】 銅に生じる緑色のサビ。「緑青のふいた銅貨」「お寺の屋根に緑青がふく」などと使います。×りょくしょう。

【おもや】 家の中心となる建物。「庇《ひさし》を貸して母屋を取られる」。

【やどりぎ】 他の樹木に寄生して生長する木。「宿木」とも書きます。

【にやく】 荷物を上げ下ろしすること。とくに「船荷」に関して使い、「港の荷役作業」などと用います。×にえき。

【いでゆ】 湧き出る湯、温泉のこと。「出湯の町へようこそ」など。「でゆ」とも読めるため、今は「出《い》で湯《ゆ》」と書くことが増えています。

手水
明星
外道
外題
生国
開立

【ちょうず】　神社で、手や口をすすぎ清めるための水。「参拝前に手水を使う」など。

【みょうじょう】　金星の別名。星の中でも、とりわけ明るく輝くことから、この異名があります。「明けの明星」「宵《よい》の明星」など。

【げどう】　仏教以外の教えのこと。そこから、人を罵る言葉や、「石鯛を狙ったのに、釣れるのは外道ばかり」のように、釣りで狙いの魚種以外の魚という意味でも使われます。

【げだい】　もとは、本の表紙（外）に記した題名のこと。今は、おもに歌舞伎の演目を指します。

【しょうごく】　生まれ故郷、生まれた国のこと。「手前、生国と発しますところ～」など。×せいごく。

【かいりゅう】　立方根を求めること。「64を開立すると4」など。なお、平方根を求めることは「開平《かいへい》」。

手弱女

文目

不知火

立役

極寒

急坂

人定

【たおやめ】 たおやかな女性。「手弱女」の対義語は「益荒男《ますらお》」（強くたくましい男性）。

【あやめ】 模様。物事の筋道。「文目も分かぬ」は「区別がつかない」という意味。

【しらぬい】 夏の夜、海の上に見えては消える光。漁船の明かりが光の屈折によって、さまざまな形に見えて生じる光です。

【たちやく】 歌舞伎で、主要な男役。座って演奏する囃子方《はやしかた》に対し、舞台上に「立って演じる役」という意味。×たてやく。

【ごっかん】 ひじょうに寒いこと。「極寒の地」。×きょっかん。

【きゅうはん】 勾配が急な坂。「ゴール前の急坂」。×きゅうざか。

【じんてい】 裁判などで、本人と確かめること。「人定質問」など。×にんてい。

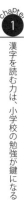

■読み間違いチェック2〈そう読んではいけない〉

（本の）**大部**　書物が分厚いこと。「大部の本を読みはじめる」。【たいぶ】

支度　用意、準備のこと。「身支度」「旅支度」。【したく】

平生　ふだん。いつも。「平生の心がけ次第」。×へいせい。【へいぜい】

言質　あとで証拠となる言葉。「言質をとる（とられる）」。【げんち】

重用　ある人を重んじて使うこと。「後輩を重用する」。【ちょうよう】

口伝　口伝えに教えること。「口伝で教える」。【くでん】

下情　庶民の生活事情や民間の事情。「下情に通ずる」。【かじょう】

先口　約束などを先にしたもの。「先口があるので～」など。【せんくち】

竹刀　剣道で使う竹製の刀。「竹刀で打ち合う」。【しない】

氷柱　棒状に伸びた氷。「軒先から氷柱が下がる」。【つらら】

強面　こわい顔つき。「強面で迫る」。【こわもて】

流石 何といっても、やはり。「流石の腕前」。【さすが】

生半 中途半端なこと。「生半なことでは～」。【なまなか】

吹雪 雪が強風に吹かれながら降ること。「紙吹雪」「桜吹雪」。【ふぶき】

頭金 分割払いの最初に支払う金。手付金。「頭金を支払う」。【あたまきん】

来し方 通りすぎてきた過去。「来し方行く末を考える」。【こしかた】

小体 つつましく、まとまっていること。「小体な店」。【こてい】

小波 小さな波。「細波」「漣」とも書きます。【さざなみ】

温気 蒸し暑い空気。「温気に満ちている」。×おんき。【うんき】

建立 寺などを建てること。「寺社を建立する」。【こんりゅう】

天日 太陽の熱や光のこと。「天日干し」。×てんび。【てんぴ】

若人 年若い人。「若人の集《つど》い」など。【わこうど】

返戻 返し戻すこと。「保険の返戻金」。【へんれい】

ニュースの言葉は、読み間違いの宝庫だった

外相

【がいしょう】 外務大臣の略称。「相」を大臣の意味で使う場合は「しょう」と読みます。「外相が外遊する」など。×がいそう。

出生率

【しゅっしょうりつ】 人口に対する出生児の割合。「出生」は「しゅっせい」とも読めるものの、NHKなどの放送局では、「しゅっしょう」と読んでいます。×しゅっせいりつ。

下期

【しもき】 年度の後半分。「下期の決算」など。「夏期」につられて、「かき」と読まないように。「上期」は「かみき」と読みます。

（日米）両国

一人区

人力飛行

上下両院

日本三景

戸口調査

【りょうこく】 双方の国。「両国」は、普通名詞としては「りょうこく」と読み、東京の地名は「りょうごく」と読みます。

【いちにんく】 選挙で、一つの選挙区から、1人だけ当選する区。「一人区」は「ににんく」と読みます。×ひとりく。

【じんりょくひこう】 NHKなどの放送局では、「人力」を「じんりょく」と読むのを基本としています。△じんりきひこう。

【じょうかりょういん】 この「上下」は「上院・下院」を略したことばなので、「じょう・か」と読みます。×じょうげりょういん。

【にほんさんけい】 松島、宮島、天橋立の総称。地元自治体や観光協会も、呼び方を「にほんさんけい」に統一しています。×にっぽんさんけい。

【ここうちょうさ】 戸数と人口に関する調査。戸数と人口を略したことばなので、「ここう」と読みます。×とぐちちょうさ。

“数字”が入った言葉こそ、その読み方に気をつけよう

三線

三十一文字

四代目

【さんしん】 沖縄や奄美諸島の三本糸の弦楽器。三味線のルーツの楽器。「三線の伴奏でユンタを唄う」など。×さんせん。

【みそひともじ】 和歌（短歌）の別名。五七五七七を足すと、三十一文字になることから。

【よだいめ】 歌舞伎役者や落語家の代数で、四番目に当たる者。×よんだいめ。なお、七代目は「ななだいめ」ではなく、「しちだいめ」。九代目は「きゅうだいめ」ではなく、「くだいめ」と読みます。

四重奏

五月雨

六朝

七回忌

秋の七草

十種競技

【しじゅうそう】 四人で演奏すること。カルテット。音楽用語では「四」を「し」と読むことが多く、四重唱は「しじゅうしょう」、四分音符は「しぶおんぷ」と読みます。

【さみだれ】 陰暦の五月に降る雨で、今でいう梅雨時の雨のことです。「五月雨式」は、途切れがちに繰り返すさま。

【りくちょう】 古代中国で、後漢滅亡から隋の統一までの間、今の南京《ナンキン》を都にした六つの王朝。「六朝文化」など。

【しちかいき】 七回目の命日。「父親の七回忌」など。「ななかいき」と読むと、白い目で見られかねないので、注意のほど。

【あきのななくさ】 秋の野に咲く七種類の草花。なお、「七草粥」も「ななくさがゆ」と読み、「七種粥」とも書きます。

【じっしゅきょうぎ】 陸上競技の一つ。×じゅっしゅ。また、「十指に余る」などと使う「十指」も「じっし」と読みます。×じゅっし。

■読み間違いチェック3〈それはなんでしょう?〉

紙婚式　結婚1年目を祝う式。湯桶読みにします。【かみこんしき】

半白　白髪まじりの毛髪。ごましお頭。「半白の紳士」。【はんぱく】

小兵　体が小さい人。「小兵力士」。【こひょう】

日歩　一日・百円当たりの金利。「日歩二十銭の高利」など。【ひぶ】

正目　木の断面の美しい模様。「正目の美しい床柱」。「柾目」とも。【まさめ】

夜着　掛け布団、あるいは掻巻《かいまき》のこと。×やぎ。【よぎ】

語部　物事を後の代に語り伝える人。「歴史の語部」。【かたりべ】

極右　極端な右派。「極右勢力」。×ごくう。【きょくう】

方舟　四角い形の舟。「ノアの方舟」。【はこぶね】

古文書　歴史的な古い文書。「古文書を読み解く」。×こぶんしょ。【こもんじょ】

頭右　号令の一つ。頭を右に向ける敬礼。【かしらみぎ】

chapter 2

大人の教養が試されてしまう熟語のはなし

まずは、読み間違いの定番ワードでウォーミングアップ

漸次

【ぜんじ】　だんだんと。「漸次、取り組む」「漸次、改善する」など。「漸く」で「ようやく」と読みます。「暫時《ざんじ》（しばしという意味）」と読み方も意味も混同しやすいので、注意のほど。

云々

【うんぬん】　文章を省略するときや、とやかく言うときに使う語。「結果を云々する」など。「云」の音読みは「うん」で、「うんぬん」は「うんうん」が変化した語。×でんでん。

遵守

【じゅんしゅ】　決まりなどに従い、守ること。「法令を遵守する」など。「遵う」で「したがう」と読みます。×そんしゅ。

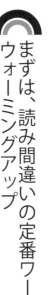

脆弱

忖度

伝播

巣窟

汎用

【ぜいじゃく】 もろくて、よわいさま。「脆弱な体質」「脆弱な地盤」など。「脆い」で、「もろい」とも「よわい」とも読みます。×きじゃく。

【そんたく】 人の気持ちを推し量ること。「社長の意向を忖度する」「忖度が過ぎる」など。×すんたく。「忖る」も「度る」も「はかる」と読みます。

【でんぱ】 次々に伝わり、広まること。「稲作が伝播する」など。「播」の音読みは「ばん」ではなく「は」。この熟語では「ぱ」と読みます。×でんぱん

【そうくつ】 住みか。「悪の巣窟」など。「窟」には「いわや」という訓読みがあります。×すくつ。

【はんよう】 一つのものをさまざまな用途に使うこと。「汎用品」「汎用性が高い」など。「汎い」で「ひろい」と読みます。×ぼんよう。

完遂

礼賛

凡例

遡上

凄絶

【かんすい】 やりとげること。「遂」の音読みは「すい」ですが、訓読みが「つい」(「遂《つい》に」など)であるため、「かんつい」と誤読しやすいので、注意のほど。

【らいさん】 敬意をこめて、ほめたたえること。「偉業を礼賛する」などと使います。×れいさん。なお、「礼参《れいさん》」は別の言葉で、寺社に参り拝礼すること。混同しないように。

【はんれい】 辞書などの最初にある使い方を記した箇条書きのこと。「凡例を参照する」など。「ぼんれい」と読まないように。

【そじょう】 川の流れをさかのぼること。「遡上して上流に向かう」「アユが急流を遡上する」など。×さくじょう。しんにゅうの中の「朔」につられて、「遡」を「さく」と読まないように。

【せいぜつ】 ひじょうにすさまじいこと。「凄絶な人生」など。「壮絶」(勇壮であること)とは、読み方も意味もちがう言葉なので注意。

未曾有

【みぞう】 過去にないさま。「未《いま》だ曾《かつ》て有らず」という意味。「未曾有の事態」「未曾有の大記録」などと使います。

贖罪

【しょくざい】 自分の犯した罪をつぐなうこと。「贖罪の日々」など。「贖う」で「あがなう」と読みます。×とくざい。

澄明

【ちょうめい】 澄みきって明るいこと。「澄明な朝空」など。「澄」の旁につられて「とうめい」と誤読しないように。

廉価

【れんか】 安い値段のこと。「廉価で購入する」「廉価版」など。「廉い」で「やすい」と読みます。×けんか。

幕間

【まくあい】 芝居で、一幕が終わったあとの休憩時間。「幕間に弁当をかう」のように使います。×まくま。なお、「山間」は訓読みでは「やまあい」と読みます。

大人の会話ででてくる熟語を読み間違ってはいけない

膾炙

【かいしゃ】 広く知れ渡ること。おもに「人口に膾炙する」という形で使います。膾《なます》と炙《あぶ》り肉が多くの人に好まれるように、世間の人に好まれ、話題になり、知れ渡るという意味。

減殺

【げんさい】 減らすこと、少なくすること。「敵の力を減殺する」など。この「殺」は「ころす」という意味ではなく、「殺《そ》ぐ」「殺《けず》る」というような意味。

端緒

【たんしょ】 物事のきっかけとなること。「事件解決の端緒をつかむ」など。本来は「たんしょ」と読みますが、「たんちょ」も慣用

快哉

怪訝

然々

安穏

造詣

柔弱

読みとして定着しかけています。

【かいさい】 心から愉快だと思うこと。「快哉を叫ぶ」など。「快《かい》なる哉《かな》」という意味。

【けげん】 いぶかること。「怪訝な表情を浮かべる」「怪訝に思う」など。「訝る」で「いぶかる」と読みます。

【しかじか】 うんぬん。「理由を然々と述べる」など。「斯《か》く斯《か》く然々《しかじか》」は、長い言葉を省略していう言葉。

【あんのん】 ゆったりと、おだやかなさま。「安穏な暮らし」「安穏とはしていられない」などと使います。×あんおん。

【ぞうけい】 学問などに深く通じていること。「日本文学に造詣が深い」など。×ぞうし。

【にゅうじゃく】 体や精神が弱々しいこと。「柔弱な精神」「柔弱

髣髴

痛痒

範疇

真摯

な体質」など。「じゅうじゃく」とも読みますが、一般的ではありません。

【ほうふつ】　ありありと想像すること。「往時を髣髴とさせる」など。「髣」「髴」ともに、「似る」、あるいは「ほのかに」という意味があります。

【つうよう】　痛いことと、痒いこと。「痛痒を感じない」など。×つうしょう。「痒い」で「かゆい」と読みます。

【はんちゅう】　分類された範囲、カテゴリー。「範疇に入る」「範疇を越える」など。「範」には「のり」、「疇」には「たぐい」という訓読みがあります。

【しんし】　ひたむきでまじめな態度。「真摯な姿勢」など。「摯」には、まこと、まじめ、手厚いといった意味があります。

■読み間違いチェック4〈何をすること?〉

存置 そのまま残しておくこと。×ぞんち。 **【そんち】**

遊説 自説を説いて回ること。「党首が遊説する」。×ゆうぜつ。 **【ゆうぜい】**

解毒 毒を無毒にすること。「解毒剤」。×かいどく。 **【げどく】**

捏造 ウソを事実とでっちあげること。「情報を捏造する」。 **【ねつぞう】**

素読 声に出して文章(とくに昔は漢文)を読むこと。×すどく。 **【そどく】**

強訴 徒党を組んで訴えること。「強訴に及ぶ」。 **【ごうそ】**

払拭 すっかり取り除くこと。「疑いを払拭する」。 **【ふっしょく】**

登攀 山などによじ登ること。「攀じる」で「よじる」と読みます。 **【とうはん】**

難詰 問い詰め、非難すること。「部下のミスを難詰する」。 **【なんきつ】**

普請 家を建てたり、修理したりすること。「自宅を普請する」。 **【ふしん】**

参内 宮中に参上すること。×さんない。 **【さんだい】**

ビジネスシーンで、使うと なぜか大人っぽくなる言葉とは？

斟酌

【しんしゃく】 事情をくみとること。「斟む」も「酌む」も「くむ」と読みます。「斟酌を加える」「情状を斟酌する」など。

忌憚

【きたん】 遠慮すること。「忌《い》み憚《はばか》る」という意味。もっぱら、「忌憚なく」や「忌憚のない（ご意見）」という形で使います。

貼付

【ちょうふ】 貼り付けること。「てんぷ」という誤読が半ば定着し、慣用読み化しています。

委嘱

【いしょく】 仕事などをゆだね、たのむこと。「外部に委嘱する」

弥縫策

進捗

帰趨

一縷

隘路

など。「委ねる」で「ゆだねる」、「嘱む」で「たのむ」と読みます。

【びほうさく】 その場をとりつくろう策。「弥縫策を講じる」など。「弥」には「つくろう（繕う）」という意味があり、「縫う」は「ぬう」と読みます。

【しんちょく】 物事が進み、はかどること。「交渉が進捗する」「進捗状態を尋ねる」など。「捗る」で「はかどる」と読みます。

【きすう】 落ち着くところ。「勝負の帰趨はまだわからない」など。「趨く」で「おもむく」と読みます。

【いちる】 わずかにつながっているさま。「縷」には「いと」という訓読みがあり、「一縷の望みを託す」など。

【あいろ】 狭くて通りにくい道。そこから、比喩的に、障害や難点の意味で使います。「隘路を抜けられない」など。「隘い」で「せまい」と読みます。

搦手

収斂

敷衍

乖離

職人気質

【からめて】　城の裏門。陣地の後ろ側。そこから、「弱点」という意味で使われ、「搦手から攻撃する」など。なお、対義語は、「大手門」などと使う「大手」です。

収斂

【しゅうれん】　収縮すること。「おのずと意見が収斂する」など。「斂める」で「おさめる」と読みます。

敷衍

【ふえん】　意味や趣旨をおし広げ、詳しく述べること。「敷衍して申し上げると」など。「衍く」も「敷く」と同様、「しく」と読みます。

乖離

【かいり】　結びつきが離れること。「人心が乖離する」など。「乖」には、はなれる、わかれるという意味があります。

職人気質

【しょくにんかたぎ】　頑固で誇り高いといった職人の性質のこと。×しょくにんきしつ。

■読み間違いチェック5〈なんのことだか〉

合筆 数筆の土地を合わせ、一筆にすること。【がっぴつ】

老舗 代々続いているお店。「和菓子の老舗」。【しにせ】

万巻 多くの書物。「万巻の書を読み尽くす」。【まんがん】

役務 人のために行う労働。×やくむ。【えきむ】

播種 種まき。作物の種子を田畑や苗床にまくこと。×ばんしゅ。【はしゅ】

湖沼 湖と沼。「湖沼学」。【こしょう】

沼沢 沼と沢。低湿地のこと。「沼沢地」。【しょうたく】

投網 水に投げ入れ、魚をとる網。「投網を打つ」。【とあみ】

十戒 10の戒め。「モーセの十戒」。×じゅっかい。【じっかい】

大騒動 大きな騒ぎ。×だいそうどう。【おおそうどう】

間隙 空間や時間のすき間。「間隙を突く」。【かんげき】

どこか知的に見える人は、こんな言葉をチョイスしている

演繹

【えんえき】　一つの事柄から、他の事柄におし広げて考えること。「繹ねる」で「たずねる」と読みます。「演繹的に考えると〜」など。対義語は「帰納」。

鼎立

【ていりつ】　三者が対立・拮抗しているさま。鼎《かなえ》(三本足の容器)の脚のように立つ、という意味なので、二者や四者の場合には使えません。「三者が鼎立する」など。

昵懇

【じっこん】　親密なこと。「昵づく」で「ちかづく」、「懇ろ」で「ねんごろ」と読みます。「昵懇の間柄」「今後とも、ご昵懇に」など。

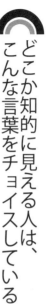

睥睨

【へいげい】 にらみつける。あるいは、横目で見る。「辺りを睥睨する」など。「睥」には「ながしめ」という訓読みがあります。

刮目

【かつもく】 目をこすり、よく注意して見ること。「刮」には「こする」という意味があります。「刮目に値する」「刮目して見るべし」など。

晦渋

【かいじゅう】 文章などが難しく、わかりにくいこと。「晦渋な表現」「晦渋な文章」など。「晦い」で「くらい」と読み、物事がはっきりしないという意味。

僥倖

【ぎょうこう】 思いもかけない幸運。「僥倖に恵まれる」「僥倖を得る」など。「僥」には「もとめる」「ねがう」という意味があり、「倖」は「さいわい」と訓読みします。

邂逅

【かいこう】 思いもよらず、めぐりあうこと。「邂う」も「逅う」も「あう」と読みます。「旧友と邂逅する」など。

黎明

耽読

揮毫

陶冶

掉尾

【れいめい】 明け方、夜明け。ものごとの始まり。「資本主義の黎明期」など。「黎」には「ほの暗い光」「夜明け」という意味があります。

【たんどく】 夢中になって、書物を読みふけること。「長編小説を耽読する」など。「耽る」で「ふける」と読みます。

【きごう】 書画を書くこと。「毫」は筆、「揮」はふるうことから、「筆をふるう」という意味。「恩師に揮毫を依頼する」など。

【とうや】 人の性格を円満に育てること。「人格を陶冶する」など。もとの意味は、「陶器」をつくることと、鋳物を「冶《い》る」こと。

【ちょうび】 最後のこと。「掉尾」は、もとは「尾を掉《ふる》う」という意味で、そこから物事の最後にふるい立つという意味が生じました。「掉尾を飾る」など。「とうび」は慣用読み。

艱難

天賦

思惟

通暁

【かんなん】 困難。つらいこと。「艱難辛苦に耐える」など。「艱む」で「なやむ」と読みます。つらく困難な状況で、苦しみ悩むことです。

【てんぷ】 天から授かったもの。生まれつき。「天賦の才能に恵まれる」など。「賦」には「みつぎ」という訓読みがあります。「てんぶ」と濁音で読まないように。

【しい、しゆい】 「しい」は、深く考えること。「しゆい」はおもに仏教で使い、「半跏《はんか》思惟像」「思惟に耽る」などと使います。「惟う」で「おもう」と読みます。

【つうぎょう】 詳しく知っていること。「業界事情に通暁している」など。「暁」は一字では「あかつき」と訓読みしますが、「暁る」は「さとる」と読みます。

できる大人は、ふだんの日本語を正しく読んで、きちんと使う

強靭

葛藤

嫉妬

【きょうじん】 強く、しなやかであること。「強靭な精神力」「強靭な肉体」など。「靭やか」で「しなやか」と読みます。

【かっとう】 心中に相反するものがあり、迷うさま。植物の「葛《かずら》」や「藤」の蔓がもつれることから。

【しっと】 妬み、憎むこと。「嫉妬にかられる」「ライバルの昇進を嫉妬する」など。「嫉む」は「そねむ」、「妬む」は「ねたむ」と読みます。

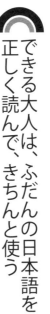

高嶺

【たかね】 高い嶺《みね》のこと。手の届かない女性のことを「高嶺の花」というのは、「見るだけで、触れることはできない」ことから。

肝心要

【かんじんかなめ】 ひじょうに大事であること。「肝心」をさらに強めた語。「肝心要の目標」「肝心要の政策」など。

蘊蓄

【うんちく】 蓄えた知識。「蘊蓄を傾ける」など。「蘊む」で「つむ」、「蓄える」で「たくわえる」と読みます。

華奢

【きゃしゃ】 形がほっそりして、上品なさま。弱々しいというニュアンスを含むこともあります。「華奢な体つき」「華奢な机」など。

希有

【けう】 まれなこと。「希有な出来事」「希有な例」など。「稀有」とも書き、「希」にも「稀」にも「まれ」という訓読みがあります。

流暢

【りゅうちょう】 言葉がなめらかで、よどみがないさま。「流暢な英語」など。「暢びる」で「のびる」と読みます。

顚末

誤謬

濫用

信憑性

僭越

【てんまつ】　事の初めから、終わりまでのいきさつ。「事の顚末を聞く」など。「顚」には「いただき」という訓読みがあります。

【ごびゅう】　ミスのこと。「謬り」も「誤り」と同様、「あやまり」と読みます。「誤謬に気づく」「誤謬を指摘する」など。

【らんよう】　みだりに用いること。「職権濫用」など。「濫りに」で「みだりに」と読みます。

【しんぴょうせい】　信用できる程度。「憑む」で「たのむ」と読み、頼りになるという意味。「信憑性に欠ける」など。

【せんえつ】　でしゃばること。「僭越ながら申しあげます」など。「僭る」で「おごる」と読みます。「僭」は、「潜」とは違う漢字なので注意。

■読み間違いチェック6〈トラブルの予感〉

剣呑 危険なさま。「剣呑な雰囲気」。 **【けんのん】**

剣突 邪険にすること。「剣突を食わせる」。×けんとつ。 **【けんつく】**

悪辣 きわめてたちが悪いこと。「悪辣な方法」「悪辣な連中」。 **【あくらつ】**

罷免 公職をやめさせること。「罷める」で「やめる」と読みます。 **【ひめん】**

反故 役に立たないもの。「反古」とも書きます。 **【ほご】**

虚仮 おろかなこと、人。「虚仮の一念」「虚仮にする」。 **【こけ】**

教唆 他の者をそそのかすこと。「犯罪教唆」。 **【きょうさ】**

眩惑 目をくらまして惑わすこと。「色香《いろか》で眩惑する」。 **【げんわく】**

胡乱な 疑わしいこと。「胡乱な目つき」。 **【うろんな】**

激昂 怒り、いきり立つこと。「審判の判定に激昂する」。 **【げきこう／げっこう】**

ものを評価するのにふさわしい言葉をストックしておこう

覿面

【てきめん】 結果がすぐにあらわれること。「効果覿面」「天罰覿面」など。「覿う」で「あう」と読みます。

知悉

【ちしつ】 よく知っているさま。「悉く」で「ことごとく」と読みます。「業界事情を知悉する」など。

無辜

【むこ】 罪のないこと。「無辜の民」など。「辜」は「つみ」と訓読みし、おもに重罪を指します。

迂闊

【うかつ】 うっかりしているさま。「迂闊な失敗」「迂闊にも〜」

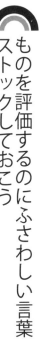

豊饒

嚆矢

横溢

颯爽

など。「迂」には、うといという意味があります。「闊」の基本的な意味は「ひろい」ことですが、「うとい」という意味もあります。

【ほうじょう】 地味が肥え、作物がよく実ること。「ウクライナの豊饒な大地」「豊饒な穀倉地帯」など。「饒か」も「豊か」と同様、「ゆたか」と読みます。

【こうし】 もとは、合戦の初めに射る、音の鳴る鏑《かぶら》矢《や》のこと。そこから「物事のはじめ」という意に。「改革の嚆矢となる」など。「嚆ぶ」で「さけぶ」と読みます。

【おういつ】 水のみなぎる様子。また、あふれるほど盛んな様子。「元気横溢」「気力が横溢する」など。「横」にも「溢」と同様、満ちあふれるという意味があります。

【さっそう】 姿や行動がさわやかで、きりっとしている様子。「颯爽と現れる」「颯爽と歩く」など。「颯」は「風の吹く音」や「疾風」

膠着

慧眼

刹那的

頽廃的

を意味する漢字です。

【こうちゃく】 くっついて離れないこと。「膠着状態に入る」「事態が膠着する」など。「膠」は「にかわ(動物の皮などでつくる昔の接着剤)」のこと。

【けいがん】 物事の本質を見抜く鋭い目。「慧眼の士」「慧眼に脱帽する」など。「慧い」で「さとい」と読みます。

【せつなてき】 後先のことは考えず、一時的な快楽を求めるさま。「刹那的な行動」「刹那主義」など。「刹那」は、サンスクリット語に漢字を当てた言葉で、もとはひじょうに短い時間を指す仏教用語。

【たいはいてき】 道徳的な気風がすたれて、不健全なさま。「頽廃的なムード」など。「頽れる」で「くずれる」、「廃れる」で「すたれる」と読みます。

「あの様子」をひと言であらわすと、どういう言葉がピッタリ？

恬淡

【てんたん】 執着せず、あっさりしていること。「金銭に恬淡とした人物」など。「恬い」で「やすい」と読みます。

窮鼠

【きゅうそ】 追いつめられたネズミ。「窮鼠猫を噛む」は、弱い者も、窮地に立って必死になると、強い者を倒すことがあるという意味。

慇懃

【いんぎん】 うやうやしく、ていねいなこと。「慇懃な態度」「慇懃無礼」など。「慇ろ」も「懃ろ」も「ねんごろ」と読み、心づかいがこまやかという意味です。

憔悴

猜疑心

屹立

磊落

貪婪

【しょうすい】 やつれること。「憔悴しきっている」「憔悴の極み」など。「憔れる」も「悴れる」も「やつれる」と読みます。

【さいぎしん】 相手のことを疑う気持ち。「猜疑心の強い性格」「猜疑心に苛《さいな》まれる」など。「猜む」で「ねたむ」と読みます。

【きつりつ】 高い山などがそびえ立つ様子。「高峰が屹立する」など。「屹」には、「たかい」「けわしい」という意味があり、「屹つ」で「そばだつ」と読みます。

【らいらく】 小さなことにこだわらないさま。「豪放磊落な人物」など。「磊」は、もとは石が重なり合うさまを表す漢字。

【どんらん】 欲深く、むさぼろうとするさま。「貪婪な知識欲を発揮する」など。「貪る」も「婪る」も「むさぼる」と読みます。「貪」は「貧」とは違う漢字なので注意。

精悍

敬虔

稚気

倦怠

安堵

羞恥心

【せいかん】 態度や表情などが勇ましく、力強いこと。「悍し」で「たけし」と読みます。「精悍な面構え」「精悍な青年」など。

【けいけん】 神仏を誠実に敬うこと。「敬虔なクリスチャン」など。「虔む」で「つつしむ」と読みます。

【ちき】 子供っぽい様子や気分。「稚気愛すべし」など。「稚い」で「いとけない」、あるいは「おさない」とも読みます。

【けんたい】 あきて、だれること。「倦怠感」「倦怠期」など。「倦む」で「うむ」、「倦れる」で「つかれる」と読みます。

【あんど】 安心すること。「安堵の胸を撫で下ろす」「安堵の表情を浮かべる」など。「堵」には「かき」という訓読みがあり、垣根の中にいると安心できることから。

【しゅうちしん】 恥ずかしいと感じる気持ち。「羞恥心の欠けた振る舞い」など。「羞じる」で「はじる」と読みます。

「その行動」をひと言であらわすと、どういう言葉がピッタリ？

蒐集

諫言

跳梁

闖入

【しゅうしゅう】 研究や趣味のために集めること。「蒐集癖」「骨董品を蒐集する」など。「蒐める」で「あつめる」と読みます。

【かんげん】 目上に忠告する。「トップに諫言する」など。「諫める」で「いさめる」と読みます。

【ちょうりょう】 はねまわること。悪人がのさばるさま。「盗賊が跳梁跋扈する」など。

【ちんにゅう】 何のことわりもなく、突然入り込むこと。「闖入者」など。「闖」には「突然入り込む」という意味があります。

憑依

【ひょうい】 霊などが乗り移ること。「霊に憑依される」「憑依現象」など。「憑く」で「つく」、「依る」で「よる」と読みます。

排斥

【はいせき】 おしのけ、しりぞけること。「排斥運動」「外国製品を排斥する」など。「斥ける」で「しりぞける」と読みます。

嗚咽

【おえつ】 声をつまらせるように、むせび泣くこと。「嗚咽の声が広がる」「人前構わず、嗚咽する」など。「咽ぶ」で「むせぶ」と読みます。また、「嗚」は「鳴」とは違う漢字なので、注意。「嗚」は「ああ」と訓読みします。

凱旋

【がいせん】 勝利して帰ること。「故国に凱旋する」「パリの凱旋門」など。「凱」には戦勝の音楽、「旋」には帰るという意味があります。

隠遁
弾劾
凝視
一瞥
驀進

【いんとん】 世間から逃れ、隠れ住むこと。「都会を離れ、隠遁生活を送る」など。「遁」は「遁走」などと使う漢字で、「遁れる」で「のがれる」と読みます。

【だんがい】 不正や犯罪を追及すること。「弾劾裁判」など。「劾」には「訴える」「取り調べる」という意味があります。

【ぎょうし】 じっと見つめること。「相手の顔を凝視する」など。

【いちべつ】 少しだけ見ること。「一瞥しただけで、目をそらした」など。

【ばくしん】 まっしぐらに進むこと。「シーズン序盤から連勝街道を驀進する」など。

聞いたことはあっても、これを自分で説明するのは難しい

余寒

黄昏

弥生

【よかん】 立春（節分の翌日）後も、まだ残っている寒さ。なお、「よさむ」と読むのは「夜寒」のほう。

【たそがれ】 夕方の薄暗くなった時分。「昏い」で「くらい」と読みます。比喩的に「西洋の黄昏」「人生の黄昏」などと使います。

【やよい】 陰暦の三月（現在の暦では四月頃）。その時期、「草木が弥々《いよいよ》生い茂る」ことから、「弥生」と呼ばれるようになったとみられます。また、「弥生」は東京都文京区の地名で、そこから「弥生土器」や「弥生時代」ということばが生まれました。

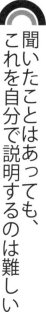

望月

員数

箴言

金地金

赤銅色

【もちづき】 満月、陰暦十五夜の月。そこから、満ち足りたさまの形容にも使います。「望月の季節」など。中国の暦で、新月を「朔」、満月を「望」と呼んだことに由来する書き方。

【いんずう】 人やものの数。「員数を揃える」「員数合わせ」など。「いんずう」と濁音で読みます。「いんすう」と読むのは「因数」のほう。

【しんげん】 戒めとなる言葉。「箴める」で「いましめる」と読みます。「芥川龍之介の箴言集」など。

【きんじがね】 金の地金。「金地金が高騰している」など。×かねじがね。

【しゃくどういろ】 紫がかった黒色。「赤銅色の引き締まった体」など。「赤銅」は、銅に少量の金・銀を加えた合金で、「赤銅色」をしています。

坩堝

罹災地

河川敷

塵埃

冶金

義捐金

【るつぼ】 金属を高温で溶かす容器。「坩」には「つぼ」、「堝」には「るつぼ」という訓読みがあります。比喩的に「興奮の坩堝」などと使います。

【りさいち】 災害にあった場所。「罹災地を慰問する」など。

【かせんしき】 河原の敷地。△かせんじき。法律用語（河川法）としても、「かせんしき」と濁らずに読みます。「河川敷のゴルフ場」。

【じんあい】 ちりとほこり。そこから、比喩的に俗世間という意味で使い、「世間の塵埃にまみれる」などと用います。

【やきん】 鉱石から金属を取り出し、精錬したり、合金を作ったりすること。「冶」は「治」とは違う漢字で、前述したとおり「治る」で「いる」と読みます。

【ぎえんきん】 災害にあった人などに寄付する金銭。「被災地への義捐金を募る」など。「捐」が常用漢字ではないため、「義援金」

と書くこともあります。この「捐」には「差し出す」「寄付する」という意味があります。

漁火

【いさりび】 魚をおびきよせるため、漁船でたくかがり火。「漁る」で「いさる」と読みます。「暗い海に漁火が連なる」など。

袱紗

【ふくさ】 小さな絹の風呂敷。おもに、贈り物や茶道具を包むときに使います。「袱」には「ふくさ」、「紗」には「うすぎぬ」という訓読みがあります。

丹塗り

【にぬり】 赤く塗ったもの。「丹塗りのさかずき」「丹塗りの鳥居」など。「丹」には、「に」とともに「あか」という訓読みがあり、赤土を指すこともあります。

出初式

【でぞめしき】 消防関係の仕事始めの式で、はしご乗りなどのデモンストレーションが行われます。江戸前期、定火消《じょうびけし》が上野東照宮前で、顔見せの儀式を行ったのが最初とされます。

画数の多い漢字でも、さらりと読みこなそう

軋轢

【あつれき】 摩擦が生じて、関係が悪くなること。「深刻な軋轢が生じる」など。「軋る」「轢る」ともに「きしる」と読み、もとは「車輪がきしる」という意味。

讒言

【ざんげん】 事実を偽って言う告げ口。「社長に讒言する」など。「讒る」で「そしる」と読みます。

蹂躙

【じゅうりん】 ふみにじること。「蹂む」も「躙む」も「ふむ」と訓読みします。「人権蹂躙」「他国の領土を蹂躙する」など。

傀儡
蛇蝎
暗澹
逼塞
跋扈

【かいらい】 もとは、操り人形のことで、そこから、人に操られる者を指します。「傀儡政権」「傀儡となる」など。

【だかつ】 ヘビとサソリ。人に嫌がられるものの象徴。「蛇蝎のごとく嫌う（嫌われる）」が定番の使い方です。

【あんたん】 将来への希望などをなくして暗い気持ちでいるさま。「暗澹たる気持ち」「暗澹とした気分」などが定番の使い方。「澹」には、水がゆっくり動くさまという意味があります。

【ひっそく】 落ちぶれ、世間から引きこもること。「逼塞生活を送る」「定年後、自宅に逼塞する」など。「逼」には「せばまる」、「塞」には「ふさがる」という意味があります。

【ばっこ】 勝手気ままにふるまい、のさばること。「跋」は踏む、「扈」はやな（魚をとる仕掛け）のことで、魚がやなを越えて、はねるさまから。

獰猛

陋劣

瑕瑾

鬱蒼

齷齪

【どうもう】 性質が荒く、乱暴なこと。「獰猛な性格」「獰猛な表情」など。「獰」の旁につられて「ねいもう」と読まないように。「獰い」で「わるい」と読みます。

【ろうれつ】 いやしく、おとっているさま。「陋劣な考え」「品性陋劣な人物」など。「陋しい」で「いやしい」と読みます。

【かきん】 傷、短所のこと。「経歴に瑕瑾がある」など。「瑕」はきず、「瑾」は立派な玉のこと。

【うっそう】 草や木がこんもりと茂るさま。「鬱蒼としたジャングル」など。

【あくせく】 事をせわしなく行うさま。「齷齪と働く」など。

このネガティブ・ワードは頭に入れておきたい

敵愾心

【てきがいしん】 敵に対する憤りや闘争心。「敵愾心を燃やす」など。「愾」はもとは「なげく」という意味の漢字で、「ためいき」という訓読みがあります。後に「いかり」という意味が生じました。

慟哭

【どうこく】 大声をあげ、身もだえして泣くこと。「突然の訃報《ふほう》に接し、慟哭する」など。「慟く」で「なげく」、「哭く」で「なく」と読みます。

冒瀆

【ぼうとく】 神聖なものをけがすこと。「神への冒瀆」など。「冒

歪曲

落魄

突慳貪

贔屓

似而非

す」で「おかす」、「瀆す」で「けがす」と読みます。

【わいきょく】 内容を意図的にゆがめること。「歪曲された情報」「事実を歪曲する」など。「歪める」で「ゆがめる」と読みます。

【らくはく】 おちぶれ、みじめになること。「魄」には「たましい」という訓読みがあります。「落魄した姿」など。

【つっけんどん】 とげとげしく物を言ったり、ふるまったりする様子。「突慳貪な態度」「突慳貪な応対」など。

【ひいき】 気に入った者に目をかけて、応援すること。「依怙《えこ》贔屓」「贔屓の引き倒し」など。「贔」の音読みは「ひ」、「屓」の音読みは「き」です。

【えせ】 本物に似てはいるが、にせものであること。「似而非紳士」「似而非文化人」などと使います。「似非」も同様に「えせ」と読みます。

狼藉

蟄居

陥穽

走狗

漏洩

【ろうぜき】 乱暴なふるまい。「乱暴狼藉を働く」「狼藉沙汰」など。「狼が草を藉《し》いて寝た」あとの乱れた様子から。

【ちっきょ】 家に閉じこもること。「閉門蟄居を命じられる」「蟄居の身の上」など。「蟄れる」で「かくれる」と読みます。

【かんせい】 落とし穴。そこから、人を陥れる策略という意味が生じ、「敵の陥穽にはまる」などと使います。「穽」には「おとしあな」という訓読みがあります。

【そうく】 人の手先。もとは、狩猟用の狗《いぬ》のこと。「権力者の走狗となる」「資本の走狗」など。

【ろうえい】 秘密が漏れること。「洩」の本来の音読みは「せつ」で、この熟語は正しくは「ろうせつ」と読みますが、「ろうえい」という慣用読みで定着しています。「機密漏洩罪」など。

烏合

狡猾

怨嗟

杜撰

賄賂

【うごう】 規律がなく、統制のとれていない集団。「烏合の衆」とは、烏《からす》が集まって騒ぐだけのように、人数は多いが、規律のない未熟な人の集まりのこと。

【こうかつ】 ずるがしこいこと。「狡猾なふるまい」「狡猾な輩《やから》」など。「狡い」は「ずるい」、「猾い」は「わるがしこい」と読みます。

【えんさ】 うらみ、なげくこと。「政府への怨嗟の声」「怨嗟の声が高まっている」など、今は「怨嗟の声」という形でよく使います。「怨む」で「うらむ」、「嗟く」で「なげく」と読みます。

【ずさん】 ぞんざいで、いいかげんなこと。一説では宋の詩人杜《と》黙《もく》のつくる詩が定型詩の決まりごとにのっとったものではなかったという中国故事に由来する語。「杜撰な計画」「杜撰な経理処理」など。

【わいろ】 便宜を図ってもらうなどの目的で、他人におくる不

不逞
狼狽
破綻
凡百

正な金品。「賄賂をおくる」「賄賂を受け取る」など。「賄う」も「賂う」も「まいなう」と読みます。

【ふてい】 図々しく、自分勝手にふるまうさま。「不逞の輩」など。「逞しい」で「たくましい」と読みますが、「逞」には「こころよい」という意味もあります。

【ろうばい】 うろたえること。「年甲斐もなく、狼狽する」など。「狼」と「狽」(狼の一種)は、離れるとうまく動けなくなるという伝説から生まれた語。

【はたん】 やぶれ、ほころびること。「経営が破綻する」「破綻を来《きた》す」などと使います。「綻びる」で「ほころびる」と読みます。

【ぼんぴゃく】 もともとの意味は、数が多いこと。もろもろ。転じて平凡でつまらないことの意で使われています。「ぼんびゃく」「ぼんひゃく」とも読みます。

■読み間違いチェック7〈知的に思われる言葉〉

誰何　名を問いただすこと。「警察官に誰何される」。【すいか】

長閑　落ちついて、ゆったりした様子。「長閑な風景」。【のどか】

咄嗟　あっという間。「咄嗟の出来事」「咄嗟の判断」。【とっさ】

耽溺　(酒や女に)溺れて耽る、夢中になってはまること。【たんでき】

仄聞　ちょっと耳にすること。「仄聞するところによると」【そくぶん】

羨望　うらやましく思うこと。「羨望の視線を集める」。【せんぼう】

辣腕　敏腕。凄腕。「辣腕をふるう」は、凄腕を発揮すること。【らつわん】

熾烈　激しいさま。「熾」は火の勢いの強いこと。「熾烈な戦い」。【しれつ】

虚空　何もない空間。「虚空を掴む」。【こくう】

彼我　他人と自分。「彼我の距離が縮まる」。【ひが】

悪戯　悪ふざけのこと。「たわいもない悪戯」。【いたずら】

瑣末 とるに足らない、ささいなこと。「瑣末な話」。 **［さまつ］**

喧騒 騒がしいこと。「都会の喧騒」。 **［けんそう］**

剽軽 滑稽なさま、おどけたさま。「剽軽者」。 **［ひょうきん］**

芳醇 香り、味がよいこと。「ブランデーの芳醇な香り」。 **［ほうじゅん］**

蹉跌 失敗。「蹉く」も「跌く」も「つまずく」と読みます。 **［さてつ］**

溌剌 生き生きとしていて、元気なさま。「元気溌剌」。 **［はつらつ］**

生粋 純粋で、混じりけがないこと。「生粋の江戸っ子」。 **［きっすい］**

一途 一つのことに打ち込むこと。「一途な思い」。×いっと。 **［いちず］**

不束 行き届かないさま。「不束者」。 **［ふつつか］**

風情 おもむき。「得も言われぬ風情がある」。 **［ふぜい］**

得体 本当の姿。正体。「得体が知れない」。 **［えたい］**

会得 よく理解して身につけること。「奥義を会得する」。×かいとく。 **［えとく］**

chapter 3

会話力がある大人は、知っている言葉の数が違う

知らないと恥ずかしい食の言葉は、たくさんある

生蕎麦

【きそば】 蕎麦粉だけでつくる蕎麦。ただし、現実には、多くの場合、小麦粉などがつなぎに使われています。「生蕎麦が売り物の店」など。

豆苗

【とうみょう】 エンドウの若芽のことで、中国野菜の一種。「苗」には「びょう」と「みょう」、二つの音読みがありますが、この語は「みょう」と読みます。

中力粉

【ちゅうりきこ】 粘りけが中程度の小麦粉。小麦粉名につく強・中・薄は粘りけの強弱を表し、強力粉《きょうりきこ》は粘りけが強く、薄力粉《はくりきこ》

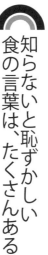

塩梅

自然薯

山葵

南高梅

は粘りけが弱いもの。「弱力粉」という名にしなかったのは「弱い」という字を使うと、印象が悪くなってしまうと考えたからとみられます。

【あんばい】 もとは、塩かげん、味かげんのこと。そこから、物事の具合を指し、「うまく塩梅する」などと使います。「按配」とも書きます。

【じねんじょ】 ヤマノイモ科の多年草。山に自生します。「自然薯をすりおろす」など。「薯」は、もとはやまのいもを指し、後にいも類を総称するようになった漢字です。

【わさび】 ツンとくる香辛料の一種。「山葵漬け」「山葵醤油」など。同じ香辛料の「山椒《さんしょう》」と読み間違えないように。

【なんこううめ】 梅の品種。昭和25年、和歌山県の現在のみなべ町内で梅の優良品種を選んだ際に、和歌山県の「南部高校」にち

有田みかん

関サバ

海鼠

柳葉魚

なんで、命名された名。×なんこうばい。

【ありだみかん】 和歌山県の有田市産のみかん。市名も「ありだ」と濁って読みます。

【せきさば】 大分市の「佐賀関《さがのせき》」で水揚げされるサバ。「かんさば」と読まないように。「関アジ」は「せきあじ」。

【なまこ】 食用にする棘皮《きょくひ》動物の一種。「鼠」という漢字を使うのは、なまこは夜行性で、夜になると鼠のように動くから、という説があります。なお、なまこを干すと「海参《いりこ》」になり、塩辛にすると「海鼠腸《このわた》」になります。

【ししゃも】 おもに、北海道に生息する海水魚。柳の葉のように、細長い形をしていることから、こう書きます。「ししゃも」という音は、アイヌ語で柳の葉の魚を意味する「シュシュ・ハモ」に由来します。

秋刀魚

海胆

熟鮨

煮凝り

飲茶

骨酒

【さんま】 大衆魚の一種。旬が「秋」で、「刀」のように細長い形をしている「魚」であることから、こう書きます。

【うに】 棘皮動物の一種。「海栗」とも書きます。おおむね、生物としてのウニは「海胆」か「海栗」、食品としてのウニは「雲丹」と書き分けます。

【なれずし】 塩漬けの魚を飯に漬け込み、発酵させたすし。熟鮨の一種である「鮒寿司」は滋賀県・琵琶湖の名物。

【にこごり】 ゼラチン質の多い魚を煮て、冷まし、ゼリーのように固まらせた料理。「平目《ひらめ》の煮凝り」など。

【やむちゃ】 中国で、昼食と夕食の間に、点心類を食べる軽い食事。茶を飲みつつ、食べることからこう書きます。

【こつざけ】 フグやタイ、イワナなどの骨やひれを焼き、熱燗《あつかん》に浸したもの。×ほねざけ。

副食物

［ふくしょくぶつ］　おかずのこと。主食に「副えて食べる物」という意味。「ふくしょくもつ」と読まないように。

俎板

［まないた］　食材を切るときに使う板。「俎」の一字だけでも「まないた」と読みます。「俎板に載せる」（議論、批判の対象にすること）、「俎板の上の鯉」など。

灰汁

［あく］　料理では、煮汁に浮かぶ白い泡。あるいは、肉や野菜のえぐみ。比喩的に「灰汁の強い人物」「灰汁が抜ける」などと使います。

屠蘇

［とそ］　正月に飲む酒。もとは、長寿を願い、屠《と》蘇《そ》散《さん》という漢方薬を酒に浸して飲んだことから。「お屠蘇をたしなむ」など。

■読み間違いチェック8〈食べ物に関することば〉

白湯　何も入っていない湯。【さゆ】
五色揚げ　色とりどりの揚げ物。×ごしょくあげ。【ごしきあげ】
掻卵　卵を割り、ほぐしていれた吸い物。×かいたま。【かきたま】
木耳　「耳」のような形をしたキノコの一種。【きくらげ】
西瓜　ウリ科の果物。西方から伝わったため、こう書きます。【すいか】
葱鮪　葱と鮪を鍋で煮る料理。【ねぎま】
潮汁　魚介類入りのすまし汁。×しおじる。【うしおじる】
塩汁　魚の塩漬けからつくる調味料。「塩汁鍋」。【しょっつる】
雑煮　すまし汁や味噌汁に餅を入れたもの。×ざつに。【ぞうに】
重湯　米を多量の水で炊いたときにできる糊状の汁。【おもゆ】
雑炊　ご飯に魚介類や野菜を加え、お粥状にしたもの。【ぞうすい】

身体と病気にまつわる漢字には、落とし穴がいっぱい

面皰

汗疹

痘痕

雀斑

【にきび】 顔にできる吹き出物。「皰」一字でも「にきび」と読みます。「面皰が目立つ世代」など。

【あせも】 汗をかいて肌にできる吹き出物。「疹」は一字で「はしか」と読みますが、この語では吹き出物のこと。

【あばた】 天然痘が治ってから残る出来物《できもの》のあと。「痘痕も靨《えくぼ》」は、好きな人の欠点は長所にも見えるという意味。

【そばかす】 顔に現れる茶褐色の斑点。茶褐色の斑点ができた

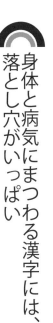

親不知

様子が、雀の羽毛の模様に似ていることから、こう書きます。

【おやしらず】 口の中の最も奥に生えてくる奥歯。最も遅く、成人する頃に生えてくることから、この名がつきました。

鳩尾

【みぞおち】 胸の真ん中のくぼんだところ。急所の一つ。「鳩尾にパンチを叩き込む」など。「みぞおち」という語は、飲んだ「水」がそのあたりまで「落ちる」という感覚に由来するとみられます。

踝

【くるぶし】 足首の両側にある突起。「踵《かかと》」と混同しないように。

肋骨

【ろっこつ】 あばら骨。「肋」には「あばら」という訓読みがあり、「あばら」は「まばら」に由来するという説があります。

壊死

【えし】 体の組織や細胞が部分的に死ぬこと。「脚が壊死する」など。なお、「壊」を「え」と読むのは、音読みの一つです。

悪阻

【つわり】 妊婦がもよおす吐き気などの症状。「悪阻に苦しむ」

疾病
骨年齢
黄熱病

など。「つわり」と呼ぶのは、古い動詞の「つわる」(芽吹くという意味→生まれる)を語源とする説が有力です。

【しっぺい】 病気のこと。「疾病保険」など。「病」には「びょう」のほか、「へい」という音読みがあります。

【こつねんれい】 骨の状態からみた年齢。「骨年齢が実年齢よりも若い」など。×ほねねんれい。

【おうねつびょう】 野口英世が研究した高熱を発する病気。×こうねつびょう。英語では、イエロー・フィーバーと呼ばれ、「黄」や「イエロー」は、黄疸になる患者が多いことに由来します。

語彙力のある人は、モノの名前を知っている

認印

曲尺

雑紙

暖簾

【みとめいん】 ふだん使いの略式の印。捺《お》した者が「認めた」ということを示す印という意味。対義語は「実印」。

【かねじゃく】 直角に曲がった金属製のものさし。「矩尺」とも書きます。

【ざつがみ】 新聞や雑誌、段ボールなどには分類できない古紙。包装紙や紙袋、チラシ、パンフレットなどの紙類全般を指します。

【のれん】 軒先や店先に下げる布。「暖簾が古い」「暖簾にかかわる」のように、店の歴史や格式を指すときにも使います。

団扇

蠟燭

糸鋸

間服

点袋

【うちわ】 風をおくる道具。「左団扇で暮らす」など。「団」は「集まり」という意味が生じる前から、「まるい」という意味で使われてきた漢字で、「団い」で「まるい」と読みます。団扇が普通の扇よりはまるいことから、こう書きます。

【ろうそく】 蠟を固めた明かりを灯すもの。「燭」には「ともしび」という訓読みがあります。

【いとのこ】 薄く細い刃がついた鋸《のこぎり》で、おもに曲線に切るときに使います。「糸」のように、刃が細いところから、こう書きます。

【あいふく】 春、秋に着る服。「合服」とも書きます。

【ぽちぶくろ】 祝儀や心付けを入れる小さな熨斗《のし》袋。「点」にはもともと「ぽち」（小さい点という意味）の訓読みがあり、それがおもに関西地方で、心付けの意味でも使われたことから。

花卉

碍子

音物

門扉

縮緬

【かき】 観賞用に栽培された植物。「卉」には「くさ」という訓読みがあります。「花卉栽培」など。

【がいし】 電柱などで使われる電線を支え、絶縁するための道具。「碍げる」で「さまたげる」と読み、「障害」は昔は「障碍」と書きました。

【いんもつ】 贈り物、進物のこと。「音物を届ける」など。「いんぶつ」とも読みます。「音」には、おとずれ、たよりという意味があり、この語ではその意味で使われています。

【もんぴ】 門の扉。「門扉を開放する」など。「扉」の音読みは「ひ」です。×もんとびら。

【ちりめん】 布を縮ませてつくる絹織物の一種。「縮緬皺《じわ》」など。「緬」には細い糸という意味があります。

木綿

乳鉢

楽焼

清水焼

角隠し

【もめん】 綿から作られた糸や布。「木綿の着物」など。×きめん。

【にゅうばち】 固体をすりつぶすための陶磁製などの鉢。「乳」の字を使うのは、「乳児」に与えるものをすりつぶしたことから、という説があります。なお、すりつぶすための棒は「乳棒」。

【らくやき】 今は、素焼きに絵付けをした簡略な陶器のこと。もとは、茶の湯の千家と関係の深い「楽家《らくけ》」製の焼き物に由来するため、この「楽」は「らく」と読みます。

【きよみずやき】 京都の清水寺の近くの五条坂あたりで産出されてきた京焼。×しみずやき。

【つのかくし】 花嫁の白いかぶりもの。もとは「すみかくし」と読み、この「すみ」は額の生えぎわのこと。

歴史を感じさせる言葉をサラッと読めるのが大人です

枯山水

【かれさんすい】 水を使わず、石や砂で風景を表現する庭園様式。京都の龍安寺《りょうあんじ》の石庭がその代表格。

校倉造り

【あぜくらづくり】 東大寺の正倉院などに残る建築様式。角材(校木《あぜき》)を横に組んで、木壁をつくります。

勾玉

【まがたま】 古代の装身具。翡翠《ひすい》、瑪瑙《めのう》などをC字形に加工し、穴をあけたもの。「勾」には「まがる」という意味があり、「曲玉」とも書きます。

内裏
鹿威し
桟敷
定式幕
殺陣

【だいり】 天皇の住む御殿。「内裏雛」「お内裏様」など。「裏」には、「うら」のほか、「内」と同様、「うち」という訓読みがあります。

【ししおどし】 竹筒に流水がたまると、「カーン！」と鳴る仕掛け。今は風流な道具ですが、もとは田畑を荒らす鳥や獣をおどすために使われました。×しかおどし。

【さじき】 芝居見物などのために、一段高いところに設けられた席。「桟敷席」「天井桟敷」など。

【じょうしきまく】 歌舞伎で使う黒、柿、萌黄《もえぎ》の三色の縦縞の引き幕。初代の中村勘三郎が、幕府から黒白の幕を拝領し、後に柿色が加えられたと伝わります。×ていしきまく。

【たて】 時代劇の斬り合いの場面。「殺陣師」は、役者に殺陣の型を教える人。

■読み間違いチェック9〈和風の言葉〉

陽炎　日に照らされた空気がゆらゆら立ちのぼるさま。　**【かげろう】**

初陣　初めて出る戦い。「初陣を飾る」。　**【ういじん】**

奉書紙　きめの美しい高級和紙。「奉書紙に認《したた》める」。×ほうしょし。　**【ほうしょがみ】**

潮騒　波の音。三島由紀夫の小説のタイトルでもあります。　**【しおさい】**

玉響　ほんのしばらくの間。かすかな。　**【たまゆら】**

京師　都のこと。京都のこと。「京師に上《のぼ》る」。　**【けいし】**

薪能　夜、薪の火を照明にして行う能。　**【たきぎのう】**

緞子　光沢のある分厚い絹織物。「金襴《きんらん》緞子」。　**【どんす】**

本絹　まじりけのない絹糸、絹織物。「正絹《しょうけん》」も同じ意味。　**【ほんけん】**

澪標　港や河川で水路を示すために立てられた杭。　**【みおつくし】**

鈍色　濃いねずみ色。薄い墨色。「鈍色の衣」といえば、喪服のこと。　**【にびいろ】**

宗教と信仰の言葉は、読み間違いに要注意

お鈴

茶毘

輪廻

【おりん】 仏壇で手を合わせるときなどに鳴らす小さな鉢形の仏具。「お輪」と書くこともあります。

【だび】 火葬のこと。仏典で使われるパーリ語の「燃やす」を意味することばの音に漢字を当てたもの。「茶毘に付す」など。「茶」は「茶」とは違う漢字なので注意。

【りんね】 生き変わり、死に変わりをくりかえすこと。車輪が廻転するように、という意。「廻」には「かい」のほか、「え」という読み方があり、それが「りん（ｒｉｎ）」の最後のｎと結びついて、

「ね」と読むようになりました。

忌中

【きちゅう】 近親者に死者があったときに、忌《いみ》に服する期間。今は、一般的には、死後の四十九日間を指します。×いちゅう。

名刹

【めいさつ】 有名な寺。「刹」は、もとは僧が悟ったときに立てた旗。そこから、「寺」という意味が生じました。「北鎌倉の名刹」などと使います。

行脚

【あんぎゃ】 僧侶が修行しつつ、諸国を巡ること。比喩的に「理想の味を求めて行脚する」のように使います。「行」を「あん」と読むのは、比較的新しい唐音です。

霊験

【れいげん】 神仏の不思議な力のことで、「霊験あらたか」などと使います。放送局では「れいげん」を第一の読み、「れいけん」を第二の読みとしています。

結願

言霊

聖観音

月光菩薩

御利益

黄泉

涅槃

【けちがん】 日数を決めて行った願立てを終えること。「満願」と同じ意味。「百日参りを結願する」など。

【ことだま】 ことばに宿ると信じられている霊力。「言霊の幸《さきわ》う国」は、日本のこと。

【しょうかんのん】 さまざまに姿を変えるとされる観音菩薩の本来の姿。×せいかんのん。「正観音」とも書きます。

【がっこうぼさつ】 薬師如来の脇に、日光菩薩とともにあって、薬師三尊を構成する菩薩。×げっこうぼさつ。

【ごりやく】 神仏が人などにあたえる利益。「利益」は神仏に関するときは「りやく」、経済に関するときは「りえき」と読みます。

【よみ】 死者の霊魂が住む世界。「黄泉の国から甦る」など。

【ねはん】 仏教の理想の境地。あの世。「涅槃図」など。「涅槃」はサンスクリット語の「ニルヴァーナ（吹き消すという意）」に由来し、釈迦が蠟燭の火が消えるように静かに没したことに由来するといわれます。

禰宜

【ねぎ】 神主の下の神職の位。または、「神職」にある者全般を指す語。「祈《ね》ぐ」の連用形から名詞化したことば。

玉串奉奠

【たまぐしほうてん】 榊《さかき》の枝に紙をつけ、神前に捧げること。「玉串」は榊の異称。「奠る」で「まつる」と読みます。

祝詞

【のりと】 神道の儀式で、神主が読み上げる祝福のことば。「祝詞をあげる」など。

作務衣

【さむえ】 禅宗の僧が「作務」（農作業や掃除など）のときに着る衣服。×さむい。

社会人が覚えておかないと恥ずかしい単語とは？

粗利益

［あらりえき］　売上から原価を差し引いた儲け。「粗利益を計算する」など。×そりえき。

更迭

［こうてつ］　ある地位や役職にある人を他の人に変えること。×こうそう。「金銭上の不祥事で更迭される」など。「迭わる」で「かわる」と読みます。

定款

［ていかん］　会社・法人の組織構成・活動内容について定めた根本規則。「会社の定款」「定款を改める」など。「款す」で「しるす」と読みます。

稟議
賃借
押捺
借入金
帳合
頒価

【りんぎ】 案を持ち回って、承認を得ること。本来は「ひんぎ」と読みますが、「りんぎ」という慣用読みで定着しています。「稟議に回す」など。

【ちんしゃく】 金を払って借りること。「賃借契約を結ぶ」など。「貸借《たいしゃく》」と混同しないように。

【おうなつ】 捺印のこと。「契約書に実印を押捺する」など。「捺す」も「押す」と同様、「おす」と読みます。

【かりいれきん】 借り入れた金。「借入金の返済が滞る」など。×しゃくにゅうきん。

【ちょうあい】 現金や現品と帳簿を照合すること。「帳合をとる」など。×ちょうごう。

【はんか】 物の値段。「頒価を決める」「頒価を抑える」など。「頒ける」で「わける」と読みます。

既払い

出納簿

為替

投函

謄本

【きばらい】 支払い済であること。「未払い」の対義語。

【すいとうぼ】 収入（＝納）と支出（＝出）を記した帳簿。「出納簿に記帳する」など。

【かわせ】 もともとは、金を送るとき、手形や小為替などの証書を使うこと。今は「為替相場」を指すことばとしてもよく使われています。

【とうかん】 葉書などをポストに入れること。「封書を投函する」など。「函」には「はこ」という訓読みがあり、この語では郵便箱を意味します。

【とうほん】 原本の内容をそのまま全部写し取った文書。「謄す」で「うつす」と読み、「戸籍謄本」などと使います。原本の一部を写し取った文書は、「抄本《しょうほん》」。

冠省

施工主

逓減

底意

当寸法

総花的

【かんしょう】 手紙で、時候の挨拶などを省略するときに使うことば。×かんせい。

【せこうぬし】 建築工事の発注者。×しこうぬし、せこうしゅ。

【ていげん】 じょじょに減っていくこと。「利益が逓減している」など。「逓」には、かわるがわる、たがいに、という意味があります。

【そこい】 表には現れない下心や悪意のこと。「ていい」とも読みますが、通常は湯桶読みにします。「底意を感じさせる物言い」など。

【あてずっぽう】 とくに根拠もなく、推量で行うこと。「当寸法で物を言うものではない」など。

【そうばなてき】 どんな人にも、都合よくすること。「総花的な選挙公約」など。×そうかてき。

読み間違いがやけに多い「人」を指す言葉

秘蔵っ子

【ひぞっこ】 大事にされている子供。そこから、目上から目をかけられている若手。「社長の秘蔵っ子」など。△ひぞうっこ。

好々爺

【こうこうや】 やさしく、人のよいお爺さん。「爺」は、音読みが「や」、訓読みが「じい」や「じじ」です。

好事家

【こうずか】 風流なことを好む人。知識は豊富だが、仕事にしているわけではなく、趣味として楽しむ人たち。カタカナ語でいうと、ディレッタント。

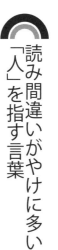

愛弟子

乳兄弟

端役

碩学

領袖

【まなでし】 かわいがっている弟子。他に、「愛娘」は「まなむすめ」と読みます。「愛《まな》」は親愛の情を表す接頭語。

【ちきょうだい】 血はつながっていないが、同じ乳で育った者どうし。「乳飲み子」は「ちのみご」と読み、乳児、赤ん坊のこと。「乳」には、「ちち」と「ち」、二つの訓読みがあり、これらは「ち」と読みます。

【はやく】 芝居や映画で、主要ではない役。そこから、主要ではない役割。「端役に過ぎない」など。×はしやく。

【せきがく】 学問を広く深くおさめている人。「碩学の薫陶を受ける」など。「碩きい」で「おおきい」と読み、そこから、すぐれている、立派という意味が生じました。

【りょうしゅう】 組織のトップ。「領《えり》」も「袖《そで》」も目立つことからできたことば。「派閥の領袖」など。

許嫁
吝嗇家
強力犯
末裔
優男
女将
猛者

【いいなずけ】 親が決めた婚約者。「子供の頃からの許嫁」など。「言い名付ける（口頭で子供の結婚の約束をすること）」が名詞化し、それに漢字を当てたとみられます。

【りんしょくか】 ケチな人。「吝しむ」も「嗇しむ」も「おしむ」と読みます。

【ごうりきはん】 殺人や強盗など、暴力を手段とする犯罪。×きょうりょくはん。

【まつえい】 子孫、後裔《こうえい》のこと。「王家の末裔」「名家の末裔」など。「裔」にも「末」と同様、「すえ」という訓読みがあります。

【やさおとこ】 姿形がよく、すらりとしている男性。

【おかみ】 旅館や料亭などを取り仕切る女主人。

【もさ】 力のすぐれた人。「空手部の猛者」など。

「音読み」すると読み間違いになりかねない言葉

御座形

【おざなり】 その場逃れのいい加減な言動をすること。「御座敷の形《なり》」を縮めた語で、御座敷（宴席）で、形ばかりを取り繕うことを指したとみられます。「御座形な態度」など。

世の例

【よのためし】 世の習い。世の常。「人間万事塞翁《さいおう》が馬は世の例」など。この「例」を「れい」と読まないように。

破鐘

【われがね】 ひびの入った鐘。濁った音で鳴ることから、濁った大声を「破鐘のような声」と形容します。

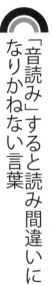

座組

互先

（相撲の）**禁手**

夢現

斜交い

口の端

【ざぐみ】 芝居や寄席などの出演者の組み合わせ。「今日の昼席《ひるせき》は座組がいい」などと使います。

【たがいせん】 囲碁で、両者の力が互角の場合、交互に先手となって対局すること。一方、力の差を埋めるため、一方がつねに先手で対局することを「定先《じょうせん》」といいます。

【きんて】 肘打ち、膝打ち、顔面への頭突き、関節技などの禁じ手のこと。×きんしゅ。

【ゆめうつつ】 夢とも現実とも区別がつかないさま。はっきり目覚めていないさま。×むげん。

【はすかい】 斜めに交差すること。「柱を斜交いに組む」など。また、「斜に構える」は「しゃにかまえる」、「斜に切る」は「はすにきる」と読みます。

【くちのは】 口先のこと。「口の端にのぼる」は、噂話などの話題

今際

欠伸

気障

手綱

火影

仲違い

になること。×くちのはし。

【いまわ】 死ぬ間際。「今際の際」と書いて、「いまわのきわ」と読みます。「今際の際に遺言を残す」など。

【あくび】 眠いときや疲れているときに出る呼吸運動。「欠」一字でも「あくび」と読みます。

【きざ】 嫌味があるさま。神経にさわるという意の「気障り」を略したことば。

【たづな】 馬に乗るため、轡《くつわ》につける綱。「手綱を操る」など。×てづな。

【ほかげ】 暗闇に見える火の光。「火影が揺れる」など。×ひかげ。

【なかたがい】 仲が悪くなること。この「違い」は「たがい」と読みます。

■読み間違いチェック10〈音読み？　訓読み？〉

虫酸　胃から上がってくる酸っぱい液。「虫酸が走る」。【むしず】

胡坐　足を組んで座ること。「胡坐をかく」。×ござ。【あぐら】

微酔い　少々、酒に酔うこと。「微酔いかげん」。【ほろよい】

浅傷　軽い負傷、浅い傷のこと。反対語は「深傷《ふかで》」。【あさで】

健気　立場の弱い者が、懸命に振舞うこと。「健気な子供」。【けなげ】

生贄　生きている人や獣を神に捧げること。【いけにえ】

所謂　世間一般でよくいわれるように。「所謂、天才」。【いわゆる】

見得　歌舞伎の演技の一つ。「見得を切る」。【みえ】

昔の誼　昔の関係。「昔の誼で、そこをなんとか」。【むかしのよしみ】

chapter 4

慣用句と四字熟語を使うと、伝える力が面白いほど上がる

「キケンな一字」を含む慣用表現を集めてみました

粉を吹く

身を粉にする

音を上げる

分が悪い

【こをふく】 物の表面に、粉状のものがつくこと。「芋が粉を吹いている」など。×こな。

【みをこにする】 体を使い、懸命に働くこと。「身を粉にして働く」など。こちらも、「こな」ではなく、「こ」と読みます。

【ねをあげる】 困りきって、弱音をはくこと。「過酷なトレーニングに音を上げる」など。×おと。

【ぶがわるい】 形勢がよくない様子。この「分」は優劣の程度の

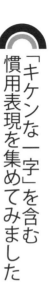

野に下る

先を越す

なす術がない

科を作る

止めを刺す

異にする

こと。「敵に回すと分が悪い相手」など。×ぶん。

【やにくだる】 官職を辞め、民間人になること。「選挙に敗れ、野に下る」など。この「野」は「民間」のこと。

【せんをこす】 相手に先んじて物事を行うこと。「先を越される」という形で、よく使います。

【なすすべがない】 手立てがない。方法がない。「今となっては、なす術がない」など。×じゅつ。

【しなをつくる】 なまめかしい様子をすること。この「科」は、身振りやしぐさのこと。

【とどめをさす】 息の根を完全に止めること。完全に終わらせること。「止めを刺すようなものの言い方」など。

【ことにする】 違っていること。別にすること。「意見を異にす

虜になる

痼を残す

轡を並べる

袂を分かつ

る」など。

【とりこになる】　あることに心を奪われ、そこから逃れられないさま。「〇〇の魅力の虜になる」などと使います。

【しこりをのこす】　わだかまりを残す。「痼」は、もとは筋肉などがこって固くなった部分。そこから、いつまでも残るわだかまりを指すことばになりました。

【くつわをならべる】　大勢で一緒に何かをするさま。「轡」は、馬の口にはめる金具。「轡を並べて進む」など。

【たもとをわかつ】　これまで一緒に歩んできた人と、縁を切ること。「創業以来の同志と袂を分かつ」など。

体の一部を使うと、こんな慣用表現ができ上がる

目の当たりにする

体を成さない

意を体する

【まのあたりにする】 自分の目で直接みること。「惨状を目の当たりにする」など。×め。

【たいをなさない】 形にならないさま。「体」には、姿、ありようという意味があり、この慣用句ではその意味で使われています。「組織の体を成していない」など。

【いをたいする】 他人の意向や気持ちに沿って行動すること。「トップの意を体して行動する」など。×ていする。

頭が高い

頭を回らす

頭を振る

歯に衣着せない

踵を返す

【ずがたかい】 目上などに対して、頭の下げ方が不十分で、横柄な態度をとるさま。「頭が高い態度」など。×あたま。

【こうべをめぐらす】 後ろを振り向くこと。「頭を垂れる」も「こうべをたれる」と読み、ともに「あたま」は×。

【かぶりをふる】 否定する。同意しない。この「頭」は「かぶり」と読みます。

【はにきぬきせない】 思ったことを遠慮せずに口にすること。「衣着せない」は「(歯を)隠さない」ことを意味し、しっかり口を開き、もの申すことを意味します。×ころも。

【きびすをかえす】 引き返すこと。「踵《きびす》をめぐらす」も同様に引き返すという意味。「踵を接する」(人のあとに密着してついていくこと)も「きびす」と読みます。×かかと。

臍を噛む

掌を返す

掌を指す

腕を返す

【ほぞをかむ】 後悔すること。「ほぞ」はへそのことで、自分のへそを噛もうとしてもできないことから、この意に。「臍を固める」(覚悟を決める)も「ほぞ」と読みます。

【てのひらをかえす】 態度を一変させるさま。「掌を返すような態度で出迎える」など。「たなごころ」と読んでもOKです。

【たなごころをさす】 はっきりしていること。自分の掌の上にあるものは、はっきり指し示せることから。こちらを「てのひら」と読むのはNG。また、「掌にする」「掌の中」(それぞれ、思いのままにする、思いのままになるの意)も「たなごころ」と読みます。

【かいなをかえす】 相撲で、うでを上げて相手にまわしを取らせないようにする技。「腕を返して上手を切る」など。腕《かいな》は肩からひじまでの間を指します。×うで。

面を伏せる

【おもてをふせる】 うつむくこと。「痛いところを突かれて、面を伏せる」など。反対語は「面を上げる」。

病膏肓に入る

【やまいこうこうにいる】 物事に熱中し、手がつけられないほどになるさま。「膏」は心臓の下、「肓」は横隔膜の上で、病気がその部位に入ると難治であることから。×こうもう。

血肉となる

【けつにくとなる】 経験や知識が身につき、役立つようになること。「血肉となった知識」など。×ちにく。「血《ち》となり肉となる」ともいいます。

腹鼓を打つ

【はらつづみをうつ】 腹一杯食べ、満足して腹を鼓のように打つこと。×はらづつみ。「舌鼓」も「したづつみ」ではなく、「したつづみ」と読みます。

正しく読めるのが大前提になる慣用句・故事成語

事志と違う

［ことこころざしとたがう］ 志したようには、物事が進まないさま。「事志と違うが、いたし方ない」など。×ちがう。

骨肉相食む

［こつにくあいはむ］ 血縁者どうしが、激しく醜く争うこと。この語を使うには血がつながっていることが必要で、夫婦の争いには使えません。この「食む」は食べることではなく、害する、損なうという意味。

帳面を合わせる

［ちょうづらをあわせる］ 表面的なつじつまを合わせること。×ちょうめん。

筆の遊び
天馬空をゆく
技神に入る
踏鞴を踏む
勿怪の幸い
九十九折り

【ふでのすさび】 思いつくまま、筆のすすむままに書くこと。「遊《すさ》び」は、気の向くままにする気慰み、暇つぶしのこと。
【てんばくうをゆく】 天馬が空を自由にかけるように、何事にもとらわれず、行動するさま。×てんまそらをゆく。
【ぎしんにいる】 技量が神の域にまで達していること。×わざかみにいる。
【たたらをふむ】 勢いよく踏み出したものの、的が外れ、空足を踏むこと。足で踏んで空気を送るふいごに由来することば。
【もっけのさいわい】 思いがけない幸せ。「勿怪」は不幸、災害、異変のことで、「物怪」とも書きます。
【つづらおり】 坂道がくねくねと折れ曲がっているさま。もとは「葛折り」で、葛の蔓のように曲がっているという意味。「九十九折りの坂道」など。

三行半

平仄が合わない

鬼の霍乱

青天の霹靂

掌中の珠

【みくだりはん】 別れる意思を配偶者に伝えること。昔、妻への離縁状を三行《さんぎょう》と半分で書いたことから。

【ひょうそくがあわない】 物事の筋道が立たないこと。漢詩を作るとき、平声字と仄声字の配列が合わないことに由来します。

【おにのかくらん】 ふだんは人一倍元気な人が病気になること。鬼も霍乱(日射病)にかかると、寝込むというたとえ。

【せいてんのへきれき】 突然起きた事件や事故から受ける衝撃。「霹靂」は雷のことで、「空が青く晴れ渡っているのに、突然起きた雷」のようであるという意味。

【しょうちゅうのたま】 最愛の子や、最も大切にしているもの。手の中にある珠のように、という意味。「掌中の珠のように育《はぐく》む」など。「短歌行」という漢詩の一節に由来する語。

惻隠の情

狼煙を上げる

登竜門

天下三分の計

君子は器ならず

【そくいんのじょう】 かわいそうにと、憐れむこと。「惻む」で「いたむ」と読み、「隠」にも心を痛めるという意味があります。

【のろしをあげる】 大きな行動のきっかけとなる行為をはじめること。「革命の狼煙を上げる」など。

【とうりゅうもん】 立身出世のための関門。「新進作家の登竜門となる文学賞」など。黄河の急流「竜門」を上った鯉は竜になるという言い伝えに由来します。×とりゅうもん。

【てんかさんぶんのけい】 諸葛孔明が、蜀の劉備に進言した戦略。国土を三分割してその一つを統治し、魏や呉に対抗するという大戦略。

【くんしはきならず】 君子は、一つの用途にしか役立たない「器」のようなものではなく、万事に対応できるという意味。×うつわ。出典は『論語』。

これこそ大人にとっては必須の四字熟語

一世一代
【いっせいちだい】 一生のうち、一度であること。「一世一代の大舞台」など。×いっせいいちだい。

小雨決行
【しょううけっこう】 雨が降っても、小雨なら行事などを予定どおり行うこと。×こさめけっこう。「運動会は小雨決行します」など。

順風満帆
【じゅんぷうまんぱん】 順風を受けて船が順調に進むように、物事がうまく進むという意味。×じゅんぷうまんぽ。

一言一句

十中八九

盛者必衰

生老病死

一世一元

冷汗三斗

【いちごんいっく】 わずかなことば。この語や「一言もない」は「いちごん」と読みます。×いちげんいっく。

【じっちゅうはっく】 10のうち8か9の確率で。「十中八九、間違いない」など。×じゅっちゅうはっく。

【じょうしゃひっすい】 栄えたものは必ず衰えるという意味。『平家物語』の一節として有名なことば。

【しょうろうびょうし】 仏教で、苦悩のもととされる四つの苦を一まとめにしたことば。×せいろうびょうし。

【いっせいいちげん】 一人の天皇の代に、元号は一つであること。こちらは「いっせい」と読みます。

【れいかんさんと】 冷汗を三斗（約54リットル）もかくほどの思いをするさま。×ひやあせさんと。

食客三千

三拝九拝

文人墨客

一目十行

輪廻転生

同行二人

［しょっかくさんぜん］　『史記』にあることばで、食客（自分の家に客分としておく者）が大勢いること。×しょっきゃくさんぜん。

［さんぱいきゅうはい］　何度も頭を下げて敬意を表すさま。「三拝九拝して頼み込む」など。×さんぱいくはい。

［ぶんじんぼっかく］　芸術関係に優れた風流な趣味人。「数々の文人墨客に愛された名勝」など。×ぶんじんぼっきゃく。

［いちもくじゅうぎょう］　一目で十行の文章を読めるほど、文章を読む力がすぐれていること。×ひとめじゅうぎょう。

［りんねてんしょう］　生き物が死に、別のものに生まれ変わり、それを繰り返すこと。×りんねてんせい。

［どうぎょうににん］　お遍路の旅は、弘法大師と二人で歩くという意。×どうこうふたり。

社会人なら、きちんと決着をつけておきたい四字熟語

不得要領

【ふとくようりょう】　要領を得ないこと。「不得要領な説明」など。×ふえようりょう。

知行合一

【ちこうごういつ】　知っている知識は実践しなければならないという意味。中国の明《みん》から入ってきた陽明学の基本的な考え方。一方、領地からの収入を意味する「知行」は「ちぎょう」と読みます。

画竜点睛

【がりょうてんせい】　重要な最後の仕上げ。描いた竜に最後に目を入れると、天に昇っていったという故事から。「画竜点睛を欠く」という形で、よく使います。×がりゅうてんせい。

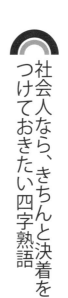

面壁九年

鎧袖一触

臥薪嘗胆

荒唐無稽

不倶戴天

【めんぺきくねん】 達磨《だるま》大師が九年間にわたって壁に向かって座禅を組み、悟りを開いたという故事に由来することば。仏教由来のことばは呉音で読むことが多く、このことばの中の「九」も呉音の「く」と読みます。×めんぺききゅうねん。

【がいしゅういっしょく】 ひじょうに強いことのたとえ。鎧《よろい》の袖で、ちょっと触れる程度のたやすさで、敵を打ち負かすこと。

【がしんしょうたん】 長期間、悔しい思いを忘れず苦しい試練に耐えること。薪の上で寝て、苦い胆を嘗《な》めるほどの思いをして、怨みを忘れないという意味。

【こうとうむけい】 根拠がなく、とりとめのないさま。「荒唐」はおおげさな話。「稽える」で「かんがえる」と読み、「無稽」は考えられないこと。

【ふぐたいてん】 「倶《とも》に天を戴《いただ》けない」(一緒には生きられない)

不撓不屈

明眸皓歯

揣摩臆測

融通無碍

千載一遇

ほどに、怨み、憎むこと。「不倶戴天の敵」が定番の使い方。

【ふとうふくつ】 どんな困難にも負けないこと。「不撓不屈の精神」が定番の使い方。

【めいぼうこうし】 美人のたとえ。「眸」には「ひとみ」という訓読みがあり、「明眸」は目もとの美しさ。「皓」には白いという意味があり、「皓歯」は歯が白く美しいこと。

【しまおくそく】 事情を推し量ること。「揣る」で「はかる」と読み、「揣摩」も「臆測」と同様、当て推量すること。

【ゆうずうむげ】 凝り固まった考えや行動にしばられず、自由でのびのびしていること。「融通無碍な判断」など。

【せんざいいちぐう】 千年に一度しかめぐり遇《あ》えないほどの珍しい機会。「千載」は「千年」のこと。「千載一遇の好機に恵まれる」など。

乾坤一擲

【けんこんいってき】 大勝負に出ること。「乾」は天で「坤」は地、「一擲」はサイコロを投げて賭けるという意味。「乾坤一擲の大勝負に挑む」など。

肉食妻帯

【にくじきさいたい】 肉を食べ、妻をもつという、仏教の禁忌。仏教語では「肉食」を「にくじき」と読みます。×にくしょくさいたい。

一殺多生

【いっせつたしょう】 一人を殺して、多くを生かすこと。大事のためには、小さな犠牲はやむをえないとすること。△いっさつたしょう。

天人合一

【てんじんごういつ】 天と人は、ひとつながりであるという中国の考え方。とりわけ、宋学の基本的な考え方。この「天人」は、天界に住む者を意味する「てんにん」ではなく、「天と人」という意味なので「てんじん」と読みます。

青春文庫

100ページでテッパンの漢字力《かんじりょく》
【読《よ》み間《ま》違《ちが》い篇《へん》】

2023年 2月20日 第1刷

編　者　おとなの教養編集部《きょうようへんしゅうぶ》
発行者　小澤源太郎
責任編集　株式会社プライム涌光
発行所　株式会社青春出版社
〒162-0056 東京都新宿区若松町 12-1
電話 03-3203-2850（編集部）
03-3207-1916（営業部）
振替番号 00190-7-98602
印刷／大日本印刷
製本／ナショナル製本
ISBN 978-4-413-29821-6